SECOND AVIS AUX CITOYENS.

LES souſſignés citoyens de la ſection de la Bibliothèque, ayant nommé, d'après l'annonce qui en a été faite par l'affiche du 19 du courant, M. de Bry, adminiſtrateur du département de Paris, rue Neuve des Petits-Champs, N°. 45, TRÉSORIER DE LA CAISSE PATRIOTIQUE de la ſection de la Bibliothèque, meſſieurs les citoyens, que l'état de leur fortune met en ſituation de participer à cette meſure de bienfaiſance, ainſi que ceux qui, par la nature de leur commerce & de leurs entrepriſes, reçoivent journellement de l'argent monnoyé, ſont inſtamment priés de verſer leurs fonds dans les mains de M. de Bry, le plutôt poſſible. Cet exemple a déjà été donné, & quelques membres de la ſection ont même porté la générosité juſqu'à abandonner, EN PUR DON, des ſommes aſſez conſidérables pour venir promptement au ſecours de leurs frères. En conſéquence, l'échange des assignats de 50 livres pour de l'argent comptant, & sans aucune espèce d'intérêt, commencera samedi prochain, 28 de ce mois, à cinq heures précises du soir, au comité de la section, rue Neuve Saint-Marc, & se renouvellera tous les samedis, à la même heure, dans la forme suivante :

Article premier.

A compter dudit jour, samedi 28 de ce mois, les entrepreneurs, ou autres personnes, munies de patentes, & domiciliées dans la section de la Bibliothèque, qui sont dans l'usage de payer, les samedis ou les dimanches matins, les ouvriers qu'ils emploient dans le courant de la semaine, se présenteront le vendredi, depuis cinq jusqu'à neuf heures du soir, au comité ci-dessus désigné, à l'effet d'y déclarer leurs noms, professions & demeures, le nombre d'ouvriers qu'ils ont à payer; en fourniront une liste exacte, qui contiendra le prix en détail de chacune des journées qui leur seront dues, & le total de la somme nécessaire pour les satisfaire.

Art. II.

Cette liste sera paraphée par les citoyens

chargés de faire toutes vérifications préalables ; & demeurera annexée au registre dont ils seront dépositaires.

ART. III.

Si, après les éclaircissemens qui seront jugés convenables, il ne reste aucun doute sur la nécessité de réaliser la somme demandée, les commissaires vérificateurs, ou ceux qu'ils choisiront pour les suppléer, la recevront des mains du trésorier, sur leur récépissé, & se transporteront, à l'heure indiquée, chez ceux qui auront justifié en avoir besoin, tant pour échanger ladite somme contre un ou plusieurs assignats de 50 livres, que pour assister aux paiemens des ouvriers, dont les noms seront inscrits sur les listes qui auront été fournies.

Fait ce 23 mai 1791 ; & ont signé,

Bacon, père ; Saint-Martin, Vente, Digeon, J. B. Joseph Boscary, Berard, Desbriere, Denailly, Boscary, Picard, Hibert, Perrée, Jeanne, Piron, Appert, G. Tassin, L. Cointrrau, la Vallée, Beudon, Hugenet, E. Clavière, Rose, F. L. Mallet, Faure, Bellier, Millenet, Estaing, Courçay, L. Houet, André, Potier de Lille, F. Massonnier, Harel, Gouffier, Couniot, Buniaset, Paindavoine, Prémeau, Broulard,

Tournus, Prat, Bichebois, Fournier, Dongois, Finot, L. Lemit, Sinz, Raffi, le Roi, Godemet, Trillé, Seurat, Ronsin, Garceau, Genin, le Sage, Hoart, Doudeuils, Langin, Gallois, Limpens, Delaruelle, Gervoise, Ouvrard, Gérard, Weber, Lucas, Challot, la Rivière-Sémur, Corot, Giroux, Arrietter, Ganneron, Picard, Berdurand, Morillon, Bacon, fils; Berger, d'Auxon, Duchosal, Devillierre, Deveaux, L. Milly, Joigny, le jeune; Delorme, Hirth, Simonin, Calvet, Arnaud, Mathey, Roume, Gibier, Debry, Rougemont, le Planquais, Hedé, Bardin, le jeune; Rousseau, du Rozoir, homme de loi & caissier de la comédie Italienne; les administrateurs du théâtre de Monsieur, Conty.

De l'Imprimerie de L. POTIER DE LILLE, rue Favart, N°. 5.

www.ingramcontent.com/pod-product-compliance
Ingram Content Group UK Ltd.
Pitfield, Milton Keynes, MK11 3LW, UK
UKHW020414250726
13967UKWH00006B/2635